JE SUIS
UN VERDADERO
ARGENTINO !

Tip TONGUE

DES ROMANS QUI PASSENT PETIT À PETIT EN ESPAGNOL

Avec Tip Tongue, lire de l'espagnol devient naturel

Dans cette collection, accompagne des héros aux caractères attachants dans des histoires inattendues... et découvre le plaisir de lire et de comprendre l'espagnol.

Tip Tongue, c'est un voyage en immersion

Le héros, un jeune Français comme toi, vit une aventure aux côtés de personnes qui parlent... espagnol ! Pas de panique, tu n'auras pas besoin de dictionnaire, les personnages te guideront.

Tip Tongue, c'est aussi un site Internet

www.tiptongue.u-bordeaux-montaigne.fr

Ce site te propose des lexiques illustrés, des exercices de compréhension, et plein de jeux amusants...

(site réalisé par l'UFR Langues et civilisations étrangères de l'université Bordeaux-Montaigne).

***Tip Tongue* se décline en plusieurs langues (anglais, espagnol, allemand) et pour tous les âges :**

- À partir de 8-9 ans (CE2-CM1)
- À partir de 10-11 ans (CM2-6e)
- À partir de 12-13 ans (5e-4e)

Découvre les titres Tip Tongue en audio-book

Parce que l'espagnol est aussi agréable à écouter, tu peux télécharger chaque histoire gratuitement en version intégrale audio MP3.

MP3
VERSION AUDIO GRATUITE

http://tiptongue.syros.fr

Tip TONGUE

Label européen des langues

Tip Tongue a obtenu en 2015 le Label européen des langues, récompensant des projets pédagogiques d'excellence en matière d'apprentissage et d'enseignement innovants des langues étrangères.

En partenariat avec l'UFR Langues et Civilisations
Université Bordeaux-Montaigne.

www.tiptongue.u-bordeaux-montaigne.fr

Université BORDEAUX MONTAIGNE

Illustrations de Clément Rizzo

ISBN : 978-2-74-852082-8

25, avenue Pierre-de-Coubertin, 75013 Paris

LAURENCE SCHAACK

JE SUIS UN VERDADERO ARGENTINO !

SYROS

Pour Marie Martos,
avec tendresse et gratitude.

Capítulo Uno

UNA CARTA MISTERIOSA

C'était un dimanche de printemps comme les autres et j'étais en train de déjeuner avec mes parents dans le jardin de Mamita, ma grand-mère. Mais c'est un dimanche que je n'oublierai jamais parce que ma vie a changé ce jour-là. À la fin du repas, tandis que Maman et Mamita savouraient leur café, Papa s'est tourné vers moi et m'a demandé avec un drôle de petit sourire :

– Dis-moi, Saul, ça te dirait qu'on passe les vacances de la Toussaint en Argentine ?

J'ai fait un bond sur ma chaise et j'ai poussé un hurlement de joie.

– C'est vrai, ça te plairait ? a demandé Mamita.

– Tu parles ! L'Argentine ? Boca Juniors, Maradona, Messi...

Mes parents et Mamita ont éclaté de rire. Mon père et moi, on est dingues de foot, surtout de foot latino-américain. C'est notre sujet de conversation favori, même si on se chamaille tout le temps parce que lui, son joueur préféré c'est Maradona le flamboyant, tandis que moi je suis fan de Messi le discret.

– Tu sais où c'est, au moins ? a demandé Maman d'un air taquin.

– Bien sûr...

Je me suis rappelé la carte du monde hispanophone que nous avait distribuée notre professeur d'espagnol lors du premier cours, pour qu'on sache qu'on était en train d'apprendre une langue qui est parlée dans beaucoup de pays...

– C'est en Amérique du Sud, du côté de l'Atlantique, plutôt vers le bas. Enfin, je crois...

– Je vais t'offrir un guide avant que vous ne

partiez, a dit ma grand-mère, comme ça tu sauras un peu ce qui t'attend là-bas...

– Ah bon ? Tu ne viens pas avec nous ?

Depuis la mort de mon grand-père, quelques mois plus tôt, Mamita avait l'air souvent triste et je pensais qu'elle aurait été contente de se changer les idées. Elle m'a expliqué qu'elle aurait bien aimé, mais que les voyages en avion la fatiguaient trop, surtout quand ils duraient plus de dix heures, ce qui est le cas pour Buenos Aires qui se trouve quand même à plus de 10 000 kilomètres de Paris.

– Ce sera un voyage entre hommes, a ajouté Maman. Moi non plus, je ne viendrai pas, je n'ai pas de vacances à la Toussaint.

Mon père a levé les paumes en l'air et j'ai tapé dedans de toutes mes forces.

– Viva Maradona !

– Viva Messi !

Et c'est comme ça que, cinq mois plus tard, on s'est retrouvés mon père et moi dans un avion à destination de Buenos Aires, à éplucher le guide touristique que Mamita nous avait dégoté. Moi, en tout cas, parce que mon père n'arrêtait pas de regarder une drôle de lettre écrite à la main sur du vieux papier à carreaux. J'avais déjà lu toutes les pages des guides qui concernaient le foot (sans rien apprendre de nouveau) et j'étais en train de répéter à mi-voix les mots du « guide de conversation » en espagnol quand je me suis décidé à questionner mon père sur cette lettre qu'il lisait et relisait d'un air soucieux.

– C'est quoi ce truc, Papa ?

Mon père a sursauté, il a plié la lettre et l'a glissée dans le vide-poche devant lui.

– Rien, rien... Alors ça avance, l'espagnol ?

À ce moment l'hôtesse s'est penchée vers nous :

– ¿Desean ustedes algo? ¿Agua, té, café, zumo, periódicos?

J'ai failli éclater de rire quand j'ai vu l'air paniqué de Papa. Il prétend qu'il est aussi doué en langues qu'une vache autrichienne. L'hôtesse a répété dans un français parfait :

– Vous désirez quelque chose ? De l'eau, du thé, du café, un jus de fruits, des journaux ?

– Non merci, a dit Papa.

– No, gracias, ai-je répondu.

Quand l'hôtesse s'est éloignée, j'ai dit à mon père :

– Tu pourrais au moins faire l'effort de comprendre et de parler un peu. Mme Alvaro, ma prof d'espagnol, affirme que tout le monde est capable d'apprendre une langue, puisque tout le monde apprend à parler sa langue maternelle. Il faut juste accepter de passer par une étape où l'on se trompe, où l'on a l'air d'un bébé qui ne sait pas s'exprimer ou d'un idiot qui ne comprend rien...

– De quoi tu te plains ! s'est exclamé mon père. Toi, tu adores les langues. C'est toi qui vas me servir d'interprète !

Il n'avait pas tort. L'anglais et l'espagnol sont mes matières préférées. Du coup, je me suis replongé dans le guide de conversation, conscient que j'avais intérêt à apprendre plein de mots. Mais du coin de l'œil, je surveillais mon père. Mine de rien, il a repris la lettre manuscrite et il a recommencé à la tripoter en serrant les lèvres.

Puis je me suis endormi. Je me suis réveillé juste avant l'atterrissage, quand mon père s'est levé pour aller aux toilettes. La lettre était toujours dans le vide-poche, je l'ai prise, je l'ai dépliée délicatement et j'ai commencé à lire :

Buenos Aires, 27 de febrero de 1978

Une lettre écrite à Buenos Aires, il y avait si longtemps et en espagnol ! Pourquoi mon père la regardait-il avec autant de concentration ? J'ai senti qu'il n'aimerait pas que je la lise mais quelque chose m'a poussé à prendre mon téléphone et à la photographier avant de la remettre à sa place. Quand mon père est revenu s'asseoir quelques minutes plus tard, une voix dans le haut-parleur a annoncé :

– Señoras y señores, hagan el favor de volver a sus asientos, de levantar las mesitas y de abrochar sus cinturones. Vamos a empezar la maniobra de aterrizaje.

– Ah là, j'ai compris ! s'est exclamé mon père. Elle a dit qu'il fait très beau à Buenos Aires, que c'est le printemps vu qu'on est dans l'hémisphère sud, et que la température extérieure est de…

La voix l'interrompit avec le même message, en français cette fois :

– Mesdames et messieurs, veuillez regagner vos places, relever vos tablettes et attacher vos ceintures, nous allons entamer la manœuvre d'atterrissage.

On s'est regardés, mon père et moi, et on a explosé de rire.

ball
ball

Capítulo Dos

UN RECEPCIONISTA SIMPÁTICO

—¡Bienvenidos! s'est écrié le réceptionniste de l'hôtel, un vieux monsieur avec les cheveux gris et d'énormes moustaches. *Cho* me *chamo* Victor. ¿Y ustedes?

Papa lui a décoché son sourire un peu niais qui allait devenir comme un tic et qui voulait dire : « Saul, à toi la balle. » Quant à moi, j'ai reconnu trois mots. Le premier : « Bienvenue », le dernier : « vous » et le prénom du monsieur. Pour le reste, je me doutais qu'il avait dit « Yo me llamo Victor », ce qui veut dire « Je m'appelle Victor », mais il avait une façon de prononcer qui n'avait rien à voir avec l'espagnol que j'avais entendu jusque-là. Heureusement, je savais grâce au guide de Mamita que l'accent des Argentins est particulier et j'ai répondu sans hésiter :

– Hola, yo me llamo Saul Ronsard, y mi padre se llama François Ronsard.

– ¡Che! El señorito habla muy bien castellano.

Le fameux « Che » des Argentins qui ne veut rien dire, ou alors quelque chose comme « Eh bien ! ». J'avais lu que cette expression typique avait donné son surnom au célèbre Ernesto Guevara. « El señorito », c'était moi, forcément. « Habla muy bien », je savais que ça voulait dire « parle très bien », mais je ne connaissais pas « castellano ». Comme ça ressemblait à « Castille », une province d'Espagne, je me suis dit que ce devait être une façon de dire « espagnol ». Victor a compris mon désarroi et il a précisé :

– El castellano español es el idioma de España. Aquí, en Buenos Aires, hablamos el castellano rioplatense… Tu as comprrrrris ? poursuivit-il en roulant le « rrr ».

« Idioma » ? « Rioplatense » ? Non, je n'avais pas compris. Mais Victor, sans se départir de son chaleureux sourire, a répété dans un français chantant :

– Le castillan espagnol, c'est la langue de l'Espagne. Nous, à Buenos Aires, nous parlons un castillan un peu différent, le castillan rioplatense, du nom de notre fleuve, le Río de la Plata… Et nous avons un accent qui ressemble à l'italien parce que beaucoup d'Italiens ont émigré ici. Vous préférez que je parle en français ?

– Et comment ! s'est exclamé mon père.

J'ai vigoureusement protesté :

– ¡No, no por favor! Yo quiero hablar en español, euh… en castellano… euh… en rioplatense…

À vrai dire, je ne savais plus quelle langue je devais parler, mais Victor a répondu avec son bon sourire :

– ¡Claro! Para aprender un idioma, hay que hablarlo... ¿Sí o no?

« Hay que » signifiait « il faut que ». Là, j'avais compris. Et « idioma » voulait donc dire « langue ». Si on veut apprendre une langue, il faut la parler. La logique de Victor me plaisait.

– Pero, voy a hablar contigo en castellano español, a-t-il poursuivi. Así no vas a confundir...

Victor, pour ne pas que je confonde, était prêt à me parler le même espagnol que celui que j'apprenais au collège. J'étais ravi d'avoir trouvé un si bon professeur, et j'aurais bien continué à papoter avec lui, mais Papa était fatigué par le voyage et le décalage horaire. Victor nous a conduits à notre chambre, qui était vaste, très agréable, et séparée en deux par une grande penderie, ce qui fait que nous avions chacun un espace.

Le temps d'envoyer un message à Maman, et Papa s'est endormi sans même tirer les rideaux. Moi je n'avais pas sommeil et je repensais sans arrêt à cette lettre mystérieuse. J'ai allumé mon téléphone et j'ai commencé à la décrypter :

Buenos Aires, 27 de febrero de 1978,

Queridísima hermana mayor:

Te hago llegar esta carta con un camarada que tiene que dejar nuestro país para irse a Brasil. Aquí corremos peligro todos, vigilados continuamente, a merced de las denuncias, de los traidores, de los asesinos. Seguimos llorando la muerte de Paco, pero ¡qué feliz me siento al saberte a salvo! Supongo que tu hijo ha nacido en Francia. ¡Oh! ¡Sueño con abrazarle!

Deseo que estéis bien los dos, y que te guste París.

¿Quién sabe si volveremos a vernos, querida hermana mía?

Presen

Je ne comprenais pas grand-chose, à part « Brasil », « Francia » et « París ». Quelques mots par-ci, par-là... des mots qui ressemblaient au français comme « camarada » ou « país ». D'autres que je connaissais, comme « hijo » qui veut dire « fils », ou « querida » qui veut dire « chérie ». Et ce mot, « asesinos », qui sonnait comme « assassins »... Et cet autre, « muerte », dont je me suis dit qu'il voulait dire « mort ». J'avais des frissons. Je savais d'avance que je ne m'en sortirais pas avec mes guides de conversation et, pris d'une impulsion, je suis sorti de la chambre sans faire de bruit.

CABJ
LA BOMBONERA

Capítulo Tres

EL ESTADIO DE LA BOMBONERA

À l'accueil, Victor tournait les pages d'un journal en sifflotant et il m'a fait un grand sourire encourageant lorsqu'il m'a aperçu dans le hall. Il avait l'air si gentil et si chaleureux que mes hésitations se sont envolées.

– ¿Qué puedo hacer por ti, Saul?

Ce que je voulais lui demander était tellement étrange que j'ai eu envie de parler en français. Mais je me suis répété intérieurement ma bonne résolution : pour apprendre une langue, il faut la parler, même si on se trompe, même si on a l'air idiot. Je lui ai tendu mon téléphone avec la photo de la lettre.

– Eso es una...

D'accord, il faut parler, mais quand on ne connaît pas les mots, on fait comment ?

– Euh... ¿Cómo se dice « une lettre » ?

– ¿Una carta? ¿Escrita en español?

– Sí, eso es. ¿Puede usted traducírmela?

– Con mucho gusto, a répondu Victor, toujours souriant.

Lorsqu'il a eu fini de la lire, le regard qu'il a posé sur moi était tout à fait différent : songeur, surpris, mal à l'aise...

– ¿Dónde encontraste esta carta? m'a-t-il demandé.

Je savais que « donde » voulait dire « où » et je devinais que Victor voulait savoir où j'avais trouvé cette lettre. C'était un peu compliqué à expliquer et j'ai préféré aller au plus court :

– Mi padre...

– Entonces, hay que preguntarle a tu padre qué dice esta carta... ¿Me entiendes?

« Entender » voulait dire « comprendre » et je me souvenais que Mme Alvaro nous répétait souvent que c'était un faux-ami, un mot qui ressemblait à un mot français mais qui signifiait autre chose. Oui, je comprenais, mais j'étais perplexe. Quelque chose me disait que mon père n'avait pas envie que je lui pose des questions sur cette lettre. Je me suis lancé en espagnol :

– Pienso que mi padre no...

Comment disait-on « avoir envie » ? J'aurais pu le demander en français à Victor, mais je voulais tellement me débrouiller tout seul que j'ai essayé d'exprimer la même chose d'une autre façon. Le verbe « vouloir » qui se traduit par « querer » me paraissait être un bon synonyme.

– Pienso que mi padre no quiere que hablemos de esta carta.

Victor s'est gratté la tête d'un air pensif.

– Es una historia muy triste, muy larga...

« Larga » ? Une histoire large ? Encore un faux-ami, sans doute, et l'histoire triste dont parlait Victor était sans doute plus « longue » que « large »...

– Hace más de treinta años, sucedió algo espantoso en Argentina...

– ¿Qué quiere decir « espantoso », por favor?

J'avais l'impression qu'il parlait à contrecœur.

– Algo terrible... murmura-t-il, les yeux perdus dans le vague. Los militares, los desaparecidos...

Je buvais ses paroles. J'allais lui demander ce que voulait dire « desaparecidos », mais le téléphone de la réception a sonné et Victor a repris sa voix joviale pour répondre :

– ¿Dígame?

À son regard, j'ai compris qu'il s'agissait de mon père.

– ¡Señor Ronsard!... Oui, oui, Saul est ici. Tout va bien...

Il a raccroché et, se tournant vers moi, il a ajouté :

– Ahora mismo llega tu padre, Saul. Tienes que hablar con él de esa historia...

Je bouillonnais de curiosité mais j'avais compris que Victor ne me dirait rien de plus devant mon père qui était déjà en train de dévaler les escaliers.

Nous avions décidé dans l'avion que notre première visite à Buenos Aires serait dédiée à la Bombonera, le célèbre stade des Boca Juniors. Mon père avait l'air en pleine forme, et pendant que nous marchions dans le joli quartier de la Boca, il s'extasiait sur les maisons peintes avec des couleurs vives, recouvertes de fresques. Il humait d'un air ravi la bonne odeur de viande grillée qui provenait des « bodegones », ces petits restaurants dont les terrasses s'étalaient sous les arbres en fleurs. Il riait en disant que Maman – qui est du genre bio-végétarien – avait bien fait de ne pas venir dans ce pays qui adore la viande. On entendait du tango un peu partout et même si, d'habitude, ce n'est pas du tout mon genre de musique, je trouvais ça très beau.

Le temps était merveilleux, à la fois doux et frais, et je me suis rappelé qu'en Argentine le printemps est en septembre. Tout à coup, un énorme bâtiment fait de piliers jaune et bleu a surgi devant nous : c'était la Bombonera, aux couleurs de la meilleure équipe de foot du monde, selon moi. Mon père et moi, on est restés immobiles, à contempler en silence ce temple du foot, puis on s'est pris la main, exactement comme la fois où il m'avait emmené au stade de France pour le premier match de ma vie...

CABJ

Boca Juniors

Capítulo Cuatro

EN EL MUSEO DEL FÚTBOL

On est restés un moment, le nez en l'air, plantés devant la structure métallique jaune d'or de la Bombonera avant de nous diriger vers un guichet. « Museo del fútbol de la Bombonera », indiquait une pancarte. Papa voulait absolument visiter ce musée, et je n'avais rien contre. Mais d'abord je voulais vérifier qu'il n'y avait pas un match intéressant pendant notre séjour.

– D'accord, a dit Papa, mais c'est toi qui te renseignes.

Je me suis approché du guichet en essayant de réfléchir à la façon dont j'allais poser ma question. La jeune vendeuse m'a accueilli avec un grand sourire et je me suis dit que les Argentins méritaient leur réputation de personnes accueillantes et chaleureuses.

– ¿Por favor? ¿Match de football?

– ¿Un partido? ¿Cuándo? ¿Hoy?

– Hoy o mañana, o pasado mañana...

– Lo siento, no se juegan partidos hasta la semana que viene...

Je me suis retourné vers mon père et lui ai traduit : « Pas de match avant la semaine prochaine... »

– Demande-lui quel jour. On est là jusqu'à samedi prochain...

– ¿Qué día por favor?

– El viernes por la noche...

Mon cœur a fait un bond : le vendredi soir suivant, juste avant notre départ !

– ... pero no me quedan entradas. Está completo. Lo siento.

Moi aussi, je le regrettais... On a pris des billets pour le musée et on a suivi les couloirs recouverts de fresques où étaient représentés les meilleurs joueurs argentins, plus grands que nature.

Le musée était bondé, et il fallait jouer des coudes pour mieux voir les fresques. Tout à coup, il y a eu une bousculade juste derrière moi et j'ai entendu une voix de femme s'écrier :

– ¡Rubén! ¡Rubén! ¿Dónde estás, hijo?

La dame regardait autour d'elle d'un air effrayé. Elle a crié un ton plus fort :

– ¡Rubén! ¡Ayúdenme, por favor! ¡Mi hijo ha desaparecido! ¡Rubén!

« Desaparecido » ! C'était le mot qu'avait prononcé Victor à propos d'une histoire terrible survenue en Argentine. Machinalement, tandis que les gens s'agitaient en tous sens autour de nous en répétant « Rubén », j'ai pensé à haute voix :

– Mais qu'est-ce que ça veut dire « desaparecido » ?

– « Disparu », a répondu mon père du tac au tac.

Je me suis figé. Papa, la vache autrichienne, connaissait ce mot. Il parlait espagnol... ? Ou alors, il savait plein de choses sur cette période sombre dont Victor avait parlé ?

C'était une pagaille monstre dans le musée, tout le monde cherchait le petit Rubén et j'en ai profité pour tirer mon père vers un coin tranquille, derrière une vitrine où s'entassaient des coupes en or et en argent, symboles de la riche histoire du foot argentin.

– Papa, c'est quoi cette histoire de disparus, de militaires, ce truc terrifiant qui s'est passé en Argentine ?

Mon père est devenu écarlate et il s'est gratté la tête en faisant semblant de déchiffrer les inscriptions sur les coupes.

– Campeonato internacional... Tu crois que ça veut dire « championnat international » ?

– Papa... Arrête de faire l'idiot de service.

– OK, si tu insistes, je vais te répondre. Il y a eu une dictature terrible, en Argentine, à la fin des années 1970, des gens ont été enlevés, torturés, tués par des militaires...

– Et... ?

Mon père a poussé un soupir agacé.

– Je n'en sais rien. Tu n'avais qu'à lire les pages sur l'histoire du pays, dans ton guide. Bon, on le visite ce musée ou non ?

– Non, ai-je répondu aussi sec.

Je n'en avais plus envie. Le foot ne m'intéressait plus. Le Museo de la Bombonera encore moins. J'étais en colère. S'il y a une chose qui me met hors de moi, c'est quand on répond à côté d'une question importante. Je me sens hors-jeu, puni, exclu.

– Bon, très bien, a rétorqué mon père sèchement. Et qu'est-ce que tu veux faire, alors ?

– Rien. Rentrer à l'hôtel. Dormir.

Je n'étais pas fatigué. La seule chose dont j'avais envie, c'était d'aller trouver Victor et de lui extorquer une traduction de cette lettre.

Mais il n'y avait personne à la réception et nous sommes montés en silence à notre chambre.

Nous n'avions pas échangé un seul mot depuis la Bombonera. C'est rare qu'on se dispute, mon père et moi, et j'étais aussi triste que furieux.

Je me suis allongé sur mon lit, tourné vers le mur, et j'ai fermé les yeux. De l'autre côté de la cloison, j'ai entendu mon père discuter avec ma mère sur Skype. Il parlait tout doucement et il avait réglé le volume de l'ordinateur au minimum, mais je me suis levé sans bruit et je me suis collé contre la paroi pour mieux entendre.

« Je n'arrive pas à lui parler. Je ne sais pas par où commencer, moi-même j'ai tellement de mal à...

– François, a dit la voix de ma mère, il faut que tu lui expliques, il est grand, tu sais, il faut qu'il sache la vérité...

– Non, Saul est encore un petit garçon... Il ne comprendrait pas... »

C'était trop pour moi. Carton rouge pour Saul ! Dehors, sur le banc de touche ! Vexé, je suis sorti de la chambre et j'ai dévalé les escaliers.

EL PARTIDO
BODEGON
COPAS

Capítulo Cinco

UN LUGAR PARA HABLAR

Je me sentais seul, rejeté, nul. Mon père me traitait comme un bébé et j'avais envie de disparaître dans les rues de Buenos Aires. Ou alors d'aller au port, de voler une barque et de me fondre à l'horizon. Mais quand je suis sorti de l'hôtel, j'ai fait trois pas avant de me rendre compte qu'il faisait nuit et je me suis arrêté net. Que faire ? Où aller, dans cette ville où je ne connaissais personne et dont je parlais à peine la langue ? Ma mère, mes copains, mon collège me manquaient.

C'est là que j'ai croisé Victor qui sortait de sa voiture, les bras chargés de fleurs.

– ¡Che, Saul! ¿Qué haces aquí solito de noche en la calle?

– Nada. Respirar un poco...

– ¿Pero, qué pasa? ¿Estás llorando?

Il a essuyé du doigt les larmes qui coulaient sur mes joues. Je ne m'étais même pas rendu compte que j'étais en train de pleurer.

– Se trata de mi padre. No quiere decirme nada. No quiere hablar conmigo de esa historia terrible, ni de esa carta. Dice que soy demasiado pequeño...

J'ai hésité, « soy pequeño » ou « estoy pequeño » ? Cette histoire de double verbe « être » avec « ser » ou « estar », je crois bien que Mme Alvaro nous la resservait à chaque cours, tellement ce n'est pas naturel pour des Français. « Ser » me paraissait convenir, puisque devant un adjectif ce verbe permet de parler d'une qualité essentielle, d'un trait caractéristique. La réponse de Victor a confirmé mon intuition :

– No eres pequeño. Yo, cuando tenía tu edad, ya trabajaba en este hotel...

Je comprenais les mots, mais je ne reconnaissais pas les verbes. J'ai supposé que Victor parlait de lui au passé et qu'il utilisait l'imparfait que je n'avais pas encore appris. La voix de mon père a retenti dans le hall.

– Ven, hijo, a poursuivi Victor en me prenant par les épaules. Tu padre está preocupado.

Et calmement, comme si rien ne s'était passé, Victor a expliqué à mon père qu'il y avait juste à côté de l'hôtel un bodegón merveilleux où l'on mangeait le meilleur « asado » du quartier. Il a ajouté en se tournant vers moi : « Un lugar perfecto para hablar entre hombres. » Je ne connaissais pas « lugar », mais je me suis douté que cela voulait dire quelque chose comme « endroit ».

*

El bodegón de Victor s'appelait « El Partido », ce qui signifie « Le match », comme je l'avais appris le matin même à la Bombonera. Il était peint en jaune et bleu, bien sûr, et les murs étaient recouverts de photos noir et blanc de joueurs de football, dont la plupart devaient être morts depuis longtemps. J'ai tout de suite adoré cet endroit. Mon père aussi, puisqu'il m'a fait un sourire en me disant : « Ça, c'est l'Argentine dont j'ai toujours rêvé. »

Il n'y avait pas grand monde encore et nous nous sommes chamaillés pour savoir si nous allions nous asseoir sous le portrait de Diego Maradona datant de l'époque où il jouait à Naples, ou sous celui de Lionel Messi. Finalement, on a décidé de dîner en terrain neutre, sous la photo de Gabriel Batistuta, « el mejor goleador de la historia », le meilleur buteur, selon le graffiti écrit en rouge en dessous...

– ¡Buenas noches! ¿Qué desean cenar ustedes? ¿Asado? ¿Parrillada? ¿Milanesa? ¿Choripán?

Papa a soulevé les sourcils, a sorti le guide de conversation de son sac à dos et me l'a tendu :

– Vas-y Saul, traduis-moi tout ça. Et explique-lui que j'ai super faim, que je veux goûter à tout. Et surtout de la viande, plein de viande !

J'ai failli rétorquer que pour traduire à sa place j'étais bien assez grand, mais l'ambiance du bodegón nous avait réconciliés et ce n'était pas la peine de tout gâcher.

– Alors, « asado », c'est la viande grillée, la « parrillada »... « assortiment de viandes grillées »...

– ¡Franceses! s'est exclamée la serveuse. ¡Me gusta muchísimo Francia! ¡Me encanta París...! Mi bisabuelo es francés, es de Toulouse, ¡como Gardel! ¿Conocen ustedes a Carlos Gardel?

J'ai noté qu'elle avait utilisé deux fois « ser », pour la nationalité et l'origine.

– Tu connais Carlos Gardel ? ai-je demandé à Papa.

– Oui, c'est une super star du tango, il est mort, mais il est toujours extrêmement populaire.

Au cas où on ne saurait pas ce qu'était le tango, la serveuse s'est mise à chanter à pleine voix et je me suis retenu d'éclater de rire. Elle s'est arrêtée pour prendre notre commande, puis elle a repris son tango en se dirigeant vers la cuisine. Papa a allongé les jambes en soupirant d'un air ravi et j'ai décidé que c'était le moment de me jeter à l'eau.

– Papa, tu sais, cette vieille lettre que tu lis tout le temps, eh bien...

Il a posé sa main sur la mienne et j'ai cru qu'il allait me faire taire encore une fois. Mais non...

– Saul, il faut que je te parle. Mais c'est très compliqué, ce que j'ai à te dire. Et je te demande pardon si je t'ai fait de la peine aujourd'hui. C'est que, cette chose que je dois te raconter, tu sais... j'ai un mal fou à l'avaler...

el mejor goleador
de la historia !

Capítulo Seis

¡SOY UN VERDADERO ARGENTINO!

Quand mon père a eu fini de parler, un long silence s'est installé. Les pensées tournaient comme des toupies dans ma tête. Catherine, ma grand-mère paternelle, n'était pas la vraie mère de Papa, Paul n'était pas son vrai père. En 1977, Paul et Catherine, que depuis ma naissance j'appelais Papito et Mamita, avaient fait la connaissance de Carmen, une jeune femme qui fuyait la dictature argentine. Ils l'avaient accueillie chez eux alors qu'elle était enceinte et sans ressources à Paris. Concepción Rivera (c'était le faux nom écrit sur son passeport, qu'elle avait conservé à Paris) était une étudiante dont les idées politiques étaient jugées dangereuses par la dictature. Le père de son enfant, Paco, lui aussi militant, avait été enlevé en pleine rue à Buenos Aires et sans doute tué par les militaires. Elle était morte trois mois après la naissance de son enfant, Francisco, qui était devenu François Ronsard. « Morte d'épuisement et de désespoir », avait murmuré Papa, les yeux brillants de larmes.

– ¿No les gustó?

La voix outragée de la serveuse m'a sorti du brouillard. Elle montrait du menton nos assiettes où les savoureux asados à peine entamés s'étaient transformés en paquets gélatineux et froids.

– ¡Sí, sí! s'est exclamé mon père qui pour une fois avait fait l'effort de comprendre. Mais, euh…

Il a ajouté, en se tournant vers moi :

– Oh, Saul, je crois qu'on l'a vexée. Tu ne peux pas lui expliquer qu'on adore la viande froide ?

Ou que c'est une tradition familiale ? Ou que notre religion nous l'impose ?

Même dans les moments les plus tendus, mon père trouve toujours le moyen de me faire sourire.

– Es que nos gusta mucho la carne fría... ai-je dit de mon air le plus innocent.

– ¿Fría? s'est exclamée la serveuse sans chercher à cacher son dégoût. Pues... No sabía yo que los franceses se comían la carne fría. Dicen que la gastronomía francesa es la mejor del mundo...

Elle s'est éloignée l'air très perplexe et s'est accoudée au bar pour mieux nous voir manger notre viande froide.

– Bon... a murmuré Papa, je crois que la France vient de baisser sérieusement dans son estime. Mais on a évité le pire. Maintenant, on n'a plus qu'à couper la viande en tout petits bouts, en espérant que ça passe mieux...

J'ai acquiescé, mais ça ne passait pas, ni la viande froide ni les pâtes à la napolitaine. Ma faim avait disparu.

– Donc, c'est pour ça qu'on est venus en Argentine ? Pour retrouver ta famille ?

Mon père, qui mâchait consciencieusement, a hésité avant de faire « oui » de la tête.

– Et tu as d'autres indices que cette lettre et ce que tu m'as raconté ?

Nouvelle bouchée et mouvement de tête, pour dire non, cette fois. Puis il a ajouté :

– Pendant la dictature, beaucoup de gens, surtout des jeunes militants, ont été tués. Leurs enfants, y compris les bébés nés en prison, ont été adoptés illégalement par des familles proches des militaires au pouvoir. Aujourd'hui, il existe une association – « Las Abuelas de la Plaza de Mayo » – qui fait des recherches pour tous les gens de mon âge qui se posent des questions...

– « Les grands-mères de la place de Mai... » Oui, j'ai vu ça dans le guide. On pourrait aller les voir ? ai-je demandé.

– Oui, c'est une possibilité...

J'ai pensé tout à coup à mes propres parents, et à tout ce qu'on avait partagé depuis que je suis né. Et je me suis dit que ça devait être drôlement compliqué de changer de parents du jour au lendemain.

– ... mais je n'ai pas été adopté illégalement par une famille de militaires fascistes, a poursuivi mon père.

– Quoi qu'il en soit, Mamita et Papito, ce seront toujours tes parents, non ? Pourquoi ils t'ont adopté ? Ils ne pouvaient pas avoir d'enfants ?

Papa acquiesçait à chaque question, sans cesser de manger.

– Mais tu voudrais savoir qui étaient tes parents... biologiques... c'est comme ça qu'on dit ? Tu voudrais voir à quoi ressemble ta vraie famille ? Savoir d'où tu viens ?

À chaque fois, il faisait « oui » de la tête avec plus d'énergie.

– ¡Che! ¿De verdad que les gusta la carne así? a demandé la serveuse en le voyant si enthousiaste.

« ¡Sí, sí! », a fait mon père avec un sourire béat en attaquant une nouvelle micro-bouchée.

Moi, je ne pensais plus du tout à manger. C'était une idée tellement excitante de partir en quête de ma famille argentine ! Soudain, une connexion s'est faite dans mon cerveau et j'ai senti une explosion de joie. Tout s'expliquait : mon envie de parler espagnol, mon amour pour la viande rouge, ma passion pour le foot...

– Mais alors... Cela veut dire, si toi tu... moi... ¡Yo soy argentino! me suis-je exclamé.

– ¡Ah! ¿sí? comentó la camarera. Muy bien, hijo, aquí acogemos a toda la gente tal como es. « *Para todos los hombres del mundo que quieren habitar en Argentina* », eso es el preámbulo de nuestra constitución. Pero, a pesar de todo, con lo de la carne fría, habrá que hacer un esfuerzo para llegar a ser un argentino de veras...

– Qu'est-ce qu'elle a dit ? a demandé Papa. Que c'est interdit par la Constitution de manger de la viande refroidie ?

– Papa, tu n'es pas drôle. Elle dit que l'Argentine accueille tous les étrangers qui le souhaitent. Mais, quand même, il faudrait faire un effort et manger la viande chaude, pour être de vrais Argentins...

Mon père a hoché la tête en prenant un air pensif.

– Être un vrai Argentin... Ça vaut le coup de faire un effort, tu ne crois pas ?

J'étais à fond d'accord avec lui.

LAS AB
NIÑOS LOCALIZADOS

Capítulo Siete

ENCUENTRO CON LAS ABUELAS

Le lendemain matin, à dix heures, nous avons sonné au local des Abuelas de la Plaza de Mayo. Une grand-mère plutôt jeune nous a ouvert avec un grand sourire.

– ¡Hola! ¿Sois los franceses? ¡Bienvenidos al local de las Abuelas! Yo me llamo Margarita y soy yo quien habló con el recepcionista del hotel.

Victor avait téléphoné pour nous et il avait expliqué à Margarita notre étrange situation : un Français, vraisemblablement né de parents argentins opposants aux militaires, voulait faire des recherches sur sa famille, près de quarante ans après sa naissance...

– ¡Seguimos buscando la verdad para todos aquellos que quieren averiguar acerca de sus orígenes...

« Averiguar », sans doute, voulait dire « vérifier », puisqu'elle parlait de « continuer à chercher la vérité ». Et « todos aquellos », cela voulait dire « tous ceux qui ».

– ¿Y son muchos los hijos de los desaparecidos? le pregunté.

– Sí, dijo Margarita. Centenares de niños. Y millares de desaparecidos...

Des centaines d'enfants, des milliers de militants disparus ! J'ai remarqué soudain que les murs étaient recouverts de grandes photos qui représentaient des visages. Des dizaines et des dizaines de visages, sous lesquels il était écrit « desaparecido el... » suivi d'une date. Des hommes et des femmes, tous jeunes, certains souriants, d'autres l'air grave. Tous disparus... Est-ce que le père de mon père était parmi eux ?

– Nosotras, las Abuelas, ayudamos a los hijos de esos desaparecidos, les proponemos que consulten nuestros archivos, así como el Banco nacional de datos genéticos...

– ¿Banco de datos genéticos?

Je ne comprenais pas très bien l'idée d'aider les gens en leur proposant de consulter une banque de données génétiques. Mon père s'est tourné vers moi :

– Si quelqu'un pense qu'il est un enfant de disparu, ils prélèvent son ADN et ils le comparent avec celui de tous les grands-parents qui cherchent leurs petits-enfants disparus durant la dictature. Et c'est fiable à 99,99 %.

Pendant que Margarita ouvrait ses dossiers pour mon père, j'ai remarqué dans un coin une fille d'une dizaine d'années avec des nattes blondes, assise sur un tabouret à côté d'une très vieille dame. Elles semblaient jouer à un drôle de jeu. Elles se passaient un petit carnet sur lequel elles écrivaient à toute vitesse, à tour de rôle. Entre-temps, la fille nous lançait des coups d'œil curieux. Nos regards se sont croisés et elle m'a fait un clin d'œil, avant de se lancer dans une série de mimiques qui ressemblaient à des grimaces... Je commençais à la trouver vraiment bizarre.

– Bueno... dijo Margarita después de haber leído la carta de mi padre. Podría ser... o no... Va a ser un poco difícil porque son pocos elementos. « Presen, Carmen, Paco » son nombres muy comunes, y sin los apellidos...

Je me suis rappelé ce que j'avais appris au premier cours d'espagnol : mi nombre es « Saul », y mi apellido es « Ronsard », et j'ai expliqué à Papa que sans les noms de famille, les recherches allaient être difficiles.

– Vamos a abrir un historial con su apellido, vamos a tomar sus huellas genéticas y luego lanzaremos la investigación. ¿Cuánto tiempo se van a quedar en Buenos Aires?

Pendant que Margarita nous parlait, j'observais la fille aux nattes blondes. Elle avait recommencé son étrange manège avec la vieille dame.

– Saul ?

Mon père m'a tiré par le bras.

– Elle dit quoi, la dame ?

– Elle demande combien de temps on reste. Dos semanas, señora.

– Poco tiempo, contestó Margarita... Pues ya veremos.

Le temps de la saluer, et nous nous sommes retrouvés dehors. Juste avant de refermer la porte, j'ai à nouveau croisé le regard de la fofolle aux nattes. Elle a mis son index devant sa bouche comme pour me dire de ne pas la dénoncer.

Mon père marchait à grandes enjambées devant moi et j'ai dû courir pour le rattraper.

– Tu l'as vue, la fille bizarre, avec la vieille dame ?

Mais il ne m'écoutait pas. Il marmonnait des mots incompréhensibles d'un air très énervé.

– Papa ?

– Ça ne sert à rien... bougonnait-il. À rien... Même si... Rien ne prouve... Trop tard...

– Papa ?

Il marchait vite sans faire attention à moi, comme s'il était seul au monde, comme un robot détraqué. J'ai essayé de l'attraper par la manche de sa chemise, mais il s'est dégagé sans même me jeter un regard. Je suis resté pétrifié au milieu du trottoir. Soudain, quelqu'un m'a tapé sur l'épaule :

– *Cho* me *chamo* Anahí. ¿Y vos?

La fille avec les nattes me tendait la main.

Capítulo Ocho

UNA CHICA MUY EXTRAÑA

—Soy Anahí y te puedo ayudar. ¿Entiendes lo que te digo? dijo la chica con las trenzas rubias.

J'ai fait « oui » de la tête. Cette fille étrange disait qu'elle pouvait m'aider. Du coup, elle s'est mise à parler à toute vitesse, à mi-voix, sans respirer, comme pour me confier un secret très important :

– Mi bisabuela, Lupita, a la que viste conmigo, sabe quién es « Presen ». « Presen » es una amiga de nuestra familia. Nadie la conoce con ese nombre porque ahora, la gente suele llamarla

« María »... En realidad, se llama « María de la Presentación ». Y tenía una hermana mayor que se llamaba Carmen, que tuvo un hijo en Francia, donde murió y ella, María de la Presentación, no sabe nada de su sobrino. ¿Entiendes?

Son visage changeait d'expression toutes les trois secondes, comme s'il était en pâte à modeler. Un coup la tristesse, un coup la joie, un coup le dégoût ou la peur. C'était fascinant à regarder, mais j'avais du mal à me concentrer pour comprendre ce qu'elle disait.

– ¿Puedes repetir, por favor, más lentamente?

Anahí a respiré un grand coup et elle a recommencé en articulant démesurément :

– ... ahora la gente... suele llamarla... María...

– No entiendo: « la gente suele llamarla ».

Anahí m'a regardé d'un air paniqué.

– ¡Che! « Soler »... No sabría cómo explicártelo...

« Soler » ! Je me suis rappelé tout à coup que ce verbe voulait dire « avoir l'habitude » et qu'il se conjuguait bizarrement, avec une diphtongue, le « o » devenant « ue ». Mais Anahí était déjà passée à autre chose :

– Nosotros también tenemos desaparecidos. A Lupita, mi bisabuela, se le murieron un hijo y dos nietos. Yo vengo casi todos los días a ver a las Abuelas, con Lupita. Yo cuido de ella. Está sorda y le apunto lo más importante de lo que va ocurriendo...

« Hijo », « nieto »... Je me suis rappelé la leçon de vocabulaire de ma prof d'espagnol sur la famille : « fils », « petit-fils ». « Cousin » se disait « primo », « neveu », « sobrino », et « hermano » signifiait « frère ». Sinon, j'avais compris qu'Anahí prenait soin de son arrière-grand-mère, mais la fin de la phrase était incompréhensible. Alors Anahí s'est bouché les oreilles puis a fait semblant d'écrire sur sa paume avant de me la montrer. Tout s'est éclairci : son arrière-grand-mère était sourde et Anahí lui écrivait ce qui se passait autour d'elle. Soudain, j'ai réalisé que mon père avait disparu.

– Mi padre... Tenemos que ir al hotel.

– Vale. Vamos.

Anahí m'a attrapé par le bras et a continué, tout le long du chemin, à me parler à toute vitesse, comme si on se connaissait depuis toujours.

Victor nous a accueillis avec un grand sourire :

– ¿Qué tal con las Abuelas? Veo que tienes una amiga. Muy linda señorita... ¡Parece un duende!

Devant mon air surpris, Victor a traduit « duende » : « lutin ». Ça me plaisait bien.

– ¿Dónde está tu padre, Saul?

Je l'ai regardé, surpris. Mon père n'était donc pas à l'hôtel ?

Anahí m'a serré le bras si fort que j'ai poussé un cri de douleur.

– ¡Vámonos, deprisa! a-t-elle murmuré sans desserrer sa prise.

– ¿Qué pasa, Saul? a demandé Victor, les sourcils relevés.

Elle m'a tiré de force dans la rue, avant de m'entraîner en courant vers l'avenue. J'étais tellement surpris que je me suis laissé faire et que je l'ai suivie sans réfléchir. Quand on s'est arrêtés de courir, j'étais si essoufflé que je pouvais à peine parler. Anahí m'a emmené vers un arrêt de bus et elle m'a dit d'un air grave :

– Vamos a mi casa. Es preciso avisar a Lupita, ella sabrá lo que hay que hacer para encontrar a tu padre. Pero no vamos a tomar un bus directo, vamos a cambiar dos o tres veces, por si acaso nos estuvieran persiguiendo...

Il fallait prévenir Lupita ? Changer de bus ? Deux ou trois fois ? Poursuivis par qui ? Elle avait vu trop de films policiers ou quoi ?

– ¿Qué pasa...? ¿Por qué...? pregunté.

– Saul, tienes que saberlo: los tiempos salvajes no han desaparecido... Han secuestrado a tu padre.

Qu'est-ce qu'elle voulait dire ? Je savais par Victor que la dictature (« les temps sauvages », comme disait Anahí) était bel et bien finie, et que plus personne n'était séquestré.

– Los asesinos siguen vivos... No los han juzgado a todos. Y aborrecen por encima de todo a las Abuelas porque ellas representan la justicia y la verdad...

« Juzgado » ressemblait à un participe passé. « Juzgar » ? Quelque chose comme « juger » ? Les assassins n'avaient pas tous été jugés ? Et « aborrecer » ? Vu l'effroi, le mépris, la méfiance qui défilaient comme des nuages noirs sur son visage, je me suis douté que ça voulait dire « détester ». La panique m'a submergé. Papa enlevé par des tortionnaires, enfermé, torturé, incapable de dire un mot en espagnol...

Le bus est arrivé, il était bondé, mais je me suis senti en sécurité à l'intérieur. Personne n'oserait faire du mal à deux enfants dans une telle foule.

– Todo bien. No te preocupes. Voy a salvarte... a murmuré Anahí « ma sauveuse » en roulant les yeux d'une façon qui me fit à nouveau frémir d'angoisse.

Je n'avais plus qu'une envie : rentrer à l'hôtel, et à l'arrêt de bus suivant, j'ai failli descendre. Mais j'étais perdu, sans argent, sans téléphone. Pas d'autre choix que de suivre cette fille étrange.

Capítulo Nueve

A ORILLAS DEL RÍO DE LA PLATA

Dans le bus, Anahí n'a pas arrêté de chuchoter des discours enflammés auxquels je ne comprenais pas grand-chose, à part des mots de-ci, de-là : « tiempos salvajes », « época negra », « bárbaros torcionarios »... Après un interminable trajet dans un autre bus, puis encore un autre, elle a fini par se calmer et elle a commencé à jouer au guide touristique.

– Esta es la avenida 9 de Julio, la más ancha del mundo. Y aquí, mira, ésta es la Plaza de Mayo donde hay el palacio presidencial. ¿Ves los pañuelos blancos que están pintados en el suelo?

Son doigt montrait des foulards blancs dessinés sur le sol de la Plaza de Mayo.

– Aquí, empezaron a manifestar las Madres y las Abuelas en el 1977…

C'était ici que les mères et les grands-mères des disparus avaient commencé à manifester en 1977. J'avais lu dans mon guide qu'elles étaient venues sur cette place toutes les semaines pendant trente ans. Je pensais à Margarita, la gentille Abuela qui nous avait accueillis. Je l'imaginais sur cette place, marchant en rond pendant des heures, devant le palais présidentiel, avec une photo de son enfant disparu…

Nous avons fini par descendre du bus dans le quartier de la Boca, où j'étais allé avec mon père voir le stade de foot. On s'est engagés dans une espèce de labyrinthe de maisons colorées, avec des petits jardins qui embaumaient.

– Ya casi hemos llegado, dijo Anahí. Mi casa está unas calles más allá. Ahora hay que ir con cuidado.

Elle avait repris ses manières de Sioux, s'arrêtant à chaque carrefour pour vérifier qu'on n'était pas suivis. Soudain, elle s'est arrêtée net, la main sur la bouche.

– ¡Mira! s'est-elle exclamée en me montrant une petite maison rouge et verte devant laquelle était garée une voiture de police. ¡La policía está en mi casa! ¡Han venido a detenernos! De prisa, hay que esconderse.

Il fallait se cacher, et vite!, disait Anahí. À nouveau, elle m'a tiré par le bras et on a fait demi-tour en courant. La nuit était presque tombée et elle m'a entraîné dans une ruelle obscure envahie par les herbes folles.

– Ven, murmuró Anahí, te voy a enseñar mi cabaña secreta.

Il faisait de plus en plus sombre et je n'étais pas rassuré. Tout à coup, l'espace s'est ouvert devant nous et une forte odeur de vase m'a rempli les poumons, comme si on était arrivés au bord de la mer.

– ¿Dónde estamos? ai-je demandé.

– A orillas del Río de la Plata.

Elle m'a guidé à travers les ronces et les arbustes jusqu'à une minuscule cabane. On s'est assis sur un banc en rondins devant la cabane, les pieds quasiment dans l'eau. La lune s'était levée au-dessus du fleuve, si bien que j'ai aperçu des bateaux. C'était très beau, très impressionnant et un peu effrayant aussi, car je ne voyais rien en face, aucune lumière là où était censée se trouver l'autre rive.

– ¿Esto es un río? ¿No es el mar? ¡No se ve nada en la otra orilla!

– Claro que es el Río, a répliqué Anahí, l'air savant. Es también la frontera. En la otra orilla, está Uruguay. No se ve nada porque es muy ancho. Aquí la naturaleza es imponente, mucho más que en Europa. Los ríos, las montañas, los bosques, todo es mucho más grandioso, incluso el cielo...

– Oye, ¿tú ya has estado en Europa? ai-je demandé un peu vexé.

– No, pero me encantaría... ¿Me invitarás a tu casa, si es que regresáis un día a Francia?

« Si jamais vous rentrez un jour en France » ! Sa question m'a fait redescendre sur terre. Les militaires, les disparus, le gyrophare qui tournait devant chez Anahí...

– ¿Y ahora qué vamos a hacer?

– Vamos a esperar un poquito, contestó Anahí. Y luego iremos a ver si la policía se ha ido.

– Anahí, ¿de verdad crees que han secuestrado a mi padre? A lo mejor sólo ha salido a...

– ¿A qué? ¿A dar una vuelta? ¿Y abandonó a su hijo?

Elle avait raison. Mon père ne m'aurait pas abandonné, même le temps de faire un tour. J'ai quand même insisté :

– Anahí, por favor, ya se acabó con la dictadura, con los desaparecidos, con la tortura ¿no? ¿No crees que estás exagerando un poquito?

– ¡Ah! ¿Sí? Entonces, dime a mí ¿por qué estaba la policía delante de mi casa?

Je ne savais pas quoi répondre, j'étais épuisé, avec une faim de loup et une brusque envie de pleurer.

– No te preocupes, a dit Anahí en prenant ma main. Soy muy lista, me conozco el barrio de memoria, tengo un montón de escondites secretos, podemos ir cambiando cada día.

Je ne doutais pas qu'Anahí était très maligne et qu'elle connaissait le quartier par cœur, mais elle avait oublié un détail, je n'avais plus envie de jouer à cache-cache :

– Quiero ver a mi padre y volver a mi hotel...

Un éclair de joie a traversé son regard et elle a fait mine de saliver.

–¿Tienes hambre, verdad? ¡Tengo un plan secreto! ¿Te gusta el dulce de leche? El de mi madre está riquísimo, ¿sabes?

On était poursuivis par d'affreux tortionnaires et cette espèce de lutin à nattes me vantait la confiture de lait de sa mère !

Capítulo Diez

EN LA CASA DE ANAHÍ

Dix minutes plus tard, nous étions derrière la maison d'Anahí, prêts à pénétrer dans un jardin abandonné où elle avait caché quelques pots de confiture de lait volés à sa mère. La voiture de police était partie, mais les lumières étaient toujours allumées et la maison semblait pleine de monde.

– Ya no está la policía, le dije. Quizá podamos entrar y tratar de llamar por teléfono a mi padre o al hotel...

– No, no, todavía no, primero vamos a tomar el dulce de leche y después...

À ce moment-là, j'ai senti une présence dans mon dos et j'ai sursauté en entendant une voix masculine.

– ¡Che Anahí! ¿Qué estás haciendo? Y él, ¿es el chico francés? ¿Pero dónde os habíais metido? ¡Os andan buscando todos! ¡Incluso la policía!

C'était Adán, le grand frère d'Anahí, qui nous a tirés vers la maison sans tenir compte des protestations de sa sœur.

À l'intérieur, il y avait au moins vingt personnes, toutes plus surexcitées les unes que les autres. Des hommes, des femmes, des enfants, des vieux... Ils ont poussé un grand cri en nous voyant entrer. Déboussolé par toute cette agitation, je ne savais pas quoi faire quand mon père a déboulé de je ne sais où. Il s'est jeté sur moi et m'a serré très fort contre lui.

– Papa ! Où étais-tu passé ?

Mon père m'a serré plus fort sans répondre. Je ne comprenais plus rien. Que faisait-il chez Anahí ? Et qui était cette femme avec des lunettes et des cheveux gris qui le tenait par l'épaule et me regardait avec un grand sourire, les yeux pleins de larmes ? Et ces vieilles dames qui parlaient fort et se pressaient autour de moi en poussant des exclamations émerveillées comme si j'étais un bébé à peine né ?

– ¡Qué guapo es! ¡Pero qué lindo! ¡Un francesito! ¡Es estupendo! ¡Vaya historia! Sí, es el sobrino segundo de María, ¿os dais cuenta?

Darse cuenta ? Je me demandais de quoi les gens étaient censés se rendre compte. Todos hablaban a la vez, excepto mi padre que parecía incapaz de articular una palabra. Él reía, lloraba, me estrechaba entre sus brazos, abrazaba a las viejecitas, tomaba las manos de la señora de las gafas. Yo no entendía nada.

– Saul, dijo la señora de las gafas, yo soy tu tía María de la Presentación Quiroga. En una palabra: tu tía abuela. Mi hermana Carmen era la madre de tu padre, o sea tu abuela. ¡No pensaba yo que un día llegaría a conocerte! ¡Estoy contentísima!

¡Mi tía abuela! ¡Mi abuela! Había perdido el norte por completo, y encima acababa de ver a Víctor, sentado en un sofá al lado de Lupita, la bisabuela de Anahí, quien me hizo una seña con la mano.

– Pero... ¿Qué pasó? ¿Qué hace aquí toda esta gente? pregunté.

– Esta mañana, contestó mi nueva tía, en cuanto salisteis del local, Lupita les explicó a las Abuelas que me conocía y que sin duda era yo a quien tu padre buscaba. Entonces me llamaron por teléfono y le llamaron a él también...

– Et moi, quand j'ai reçu ce coup de fil, a enchaîné mon père, j'étais paniqué, je ne te trouvais plus. Alors je suis retourné au local, en me disant que tu y étais peut-être. C'est là que j'ai rencontré María, ma tante. Et puis Victor m'a téléphoné de l'hôtel et m'a dit que tu avais disparu, avec une petite fille. On a fini par comprendre que c'était Anahí, on est tous venus ici en espérant que vous seriez là et on a appelé la police, parce qu'on était sans nouvelles.

– ¿Qué sucedió? prosiguió mi tía. ¿Por qué desaparecisteis los dos?

Yo no sabía muy bien qué contestarle, quand je me rendis compte qu'Anahí n'était plus avec nous.

– No lo sé exactamente. No lo he entendido bien...

Je sentais que si j'expliquais le rôle d'Anahí dans notre disparition, vu l'inquiétude qu'avaient ressentie les adultes, elle risquait d'avoir des ennuis.

– ¡Yo sí sé lo que pasó! gritó Adán, el hermano mayor de Anahí. ¡Ese pedazo de loca le habrá contado que los militares malos habían secuestrado a su padre y que tenían que esconderse para que no los encontraran!

En gros, c'était effectivement ce qu'Anahí m'avait dit : mon père avait été enlevé et il fallait qu'on se cache. Mais contrairement à Adán, je n'étais pas fâché contre Anahí.

– ¿Dónde está Anahí? ai-je demandé.

Una mujer alta y rubia que no había visto todavía se me acercó.

– Hola Saul. Yo soy Sofia, la mamá de Anahí. Siento mucho lo que te ha hecho sufrir. Seguro que has pasado mucho miedo. Anahí es muy... imaginativa.

– ¡Está loca de remate! gritó Adán. ¡Una mitómana, una fantasiosa! ¡Es peligrosa!

Il tournait son index sur sa tempe pour me faire comprendre que sa sœur était folle. J'étais à moitié d'accord avec lui. D'un côté oui, à cause d'Anahí, j'avais eu une sacrée trouille. Mais en même temps, grâce à elle, j'avais découvert Buenos Aires comme sans doute aucun touriste avant moi, et j'avais passé un moment magique au bord du Río de la Plata...

Dulce
de
leche

Capítulo Once

MI NUEVA FAMILIA

Il était très tard, cette nuit-là, lorsque nous sommes rentrés à l'hôtel, raccompagnés par Victor. Pourtant, les avenues de Buenos Aires étaient encore remplies de gens qui parlaient, écoutaient de la musique et dansaient dans les cafés.

En la casa de Anahí, había sonado el teléfono toda la noche y la madre de Anahí contestaba a cada vez con su eterno buen humor.

– Casa Fernández, muy buenas... Sí, sí están aquí los dos franceses, el padre y el hijo que son el sobrino y el sobrino segundo de María. Sí, se llama Francisco, es el hijo de la hermana de María, Carmen, que murió en París. Claro que podéis venir para saludarlos...

Les uns après les autres, voisins, amis, cousins, voisins des cousins étaient venus nous serrer dans leurs bras en nous expliquant qu'ils avaient bien connu ma grand-mère Carmen, ou mon grand-père Paco, ou bien le cousin de Paco, ou encore la meilleure amie de Carmen. À un moment je me suis demandé si tout le quartier de la Boca ne s'était pas entassé dans le salon...

Je me sentais épuisé, rempli à ras bord d'émotions, de besos, de dulce de leche et de licuado, une sorte de jus de fruits mélangé à du lait. Mon père aussi semblait K.-O., le sourire scotché sur les lèvres, les yeux perdus dans les rues illuminées. Seul Victor pérorait, tout en conduisant, l'air positivement aux anges.

– Che, se podría escribir un libro con esta historia. Es una historia como a mí me gustan, historias que se acaban bien. ¡Pero, hay que ver! ¡Venir desde Francia para encontrar a su verdadera familia! Claro, todavía no estamos seguros y hay que hacer los test de ADN. Pero yo creo que todo saldrá bien. Saul, le pareces muchísimo a tu tía abuela... Tienes los mismos ojos.

No me había dado cuenta de ese detalle pero me gustaba que fuera mi tía. Era alegre y cariñosa. Me había dicho que tenía cuatro hijos y ocho nietos y a mí me encantaba pensar que tenía una familia tan grande.

Et puis j'ai pensé à ma grand-mère Catherine, toute seule, là-bas en France, qui était ma seule et unique grand-mère, puisque Maman avait perdu ses deux parents. Et à mon autre grand-mère, Carmen, jeune Argentine morte de chagrin à Paris. Laquelle était la vraie ?

À peine dans notre chambre, nous nous sommes jetés sur l'ordinateur de Papa pour nous connecter avec Maman. C'était la fin de l'après-midi en France et elle était à la maison. Nous lui avons raconté nos aventures, et elle aussi a ri et a pleuré. Ensuite, Papa m'a demandé d'aller me coucher et quelque temps après, je l'ai entendu à nouveau parler à voix basse. J'ai tendu l'oreille.

– Oui, Maman, disait mon père. Oui, ils sont gentils, très accueillants, très heureux de nous rencontrer. C'est merveilleux, Maman, c'est... vertigineux... Oui, Saul va très bien... non, non, pas du tout, il n'est pas effrayé par tout ça, il accepte très bien, oui... Oui, oui, je te promets... Maman... Je t'aime.

Je me suis endormi en me disant que c'était la première fois que j'entendais mon père dire « je t'aime » à ma grand-mère. Et ça me plaisait bien qu'il le lui dise.

*

Le jour suivant, comme prévu, on a pris l'avion pour rejoindre le nord du pays, à la frontière du Brésil et du Paraguay, où se trouvent les célèbres chutes d'Iguazu qui sont parmi les plus hautes du monde. On s'est arrêtés longtemps devant la plus grande et la plus impressionnante, qui s'appelle « la Garganta del diablo », soit « la

Gorge du Diable », et fait plus de 80 mètres de haut. On est restés quelques jours dans le parc naturel, à marcher en pleine forêt tropicale, si loin de Buenos Aires avec ses larges avenues, ses immeubles modernes et son printemps clément que j'avais l'impression d'avoir changé de pays.

Me acordé de lo que decía Anahí: « Aquí, todo es más largo, más ancho. » Tenía razón, las diferencias entre los paisajes eran enormes. Anahí me manquait, j'aurais aimé qu'elle soit avec nous, era un guía muy divertido.

Nous sommes retournés à notre hôtel de Buenos Aires, deux jours avant notre départ pour la France. Victor nous a embrassés comme s'il nous connaissait depuis toujours. Le temps de poser nos affaires, de nous changer et nous sommes ressortis. Direction, la maison de ma nouvelle tata, pour un asado, soit un gigantesque barbecue avec plein de viande, de cousins-cousines et d'amis !

*

– Saul, ven aquí que te saquemos una foto...

– Francisco, preséntame a tu hijo.

– Hola Saul, soy tu prima Armela.

– Y yo soy tu primo Jorge, el hijo de tu tía abuela...

– Bienvenido Saul, ésta es tu familia, ven a casa cuando quieras...

– ¡El primo francés! ¡Mucho gusto!

Durante un buen rato no pudimos movernos papá y yo: nos abrazaban, nos hacían preguntas, nos sacaban fotos. Los regalos se amontonaban: un bol de mate de plata, la bebida nacional, kilos y kilos de alfajores, esas galletas exquisitas con dulce de leche, camisetas de los Boca Juniors, un libro precioso dedicado al museo del fútbol, un cinturón para mí y un bolso de cuero para papá... Trataba de acordarme de todos los nombres pero era imposible. Y sin embargo, me parecía que de verdad formaba parte de esa familia.

Heureusement, quelqu'un a eu la bonne idée de crier « ¡la carne está lista! » et tout le monde a gentiment dérivé vers l'asado, sinon je crois qu'on aurait fini étouffés.

Vers la fin de l'après-midi, pendant que Papa se retenait de pleurer en regardant les vieux albums photos de famille, entouré de sa tante María et d'une demi-douzaine d'abuelas, on s'est lancés dans une grande partie de foot avec mes cousins. Rien de tel pour me faire un vocabulaire espagnol de première division : *un remate, un árbitro, un extremo, el goleador, una tarjeta roja, « el avioncito », esa forma típicamente argentina de festejar un gol*... Des mots que je n'oublierai jamais !

Ensuite, la famille a chanté des airs argentins, des vieilles chansons et des tangos en notre honneur. La journée est passée comme un rêve et j'aurais été parfaitement heureux si Anahí avait été là. Je n'ai pas osé demander si elle était toujours punie...

AUREN
HOTEL
3
TAXI.RAD
BUENOS

Capitulo Doce

EL REGALO DE ANAHÍ

Nuestro avión despegaba al día siguiente. En la recepción del hotel, Víctor nos esperaba, a punto de llorar.

– Tenéis que volver muy prontito, queridos francesitos. ¡Antes de la próxima copa del mundo!

– ¡Claro que sí! Volveremos en agosto, ya está todo organizado, le expliqué. Con mi abuela y con mi madre. Nos han invitado por lo menos cinco primos, podemos volver cada verano si queremos y yo, seguro que cuando sea mayor estudiaré en Argentina...

Estábamos cargando las maletas en el taxi, cuando llegaron Sofía, la mamá de Anahí, y su hija.

– Siento muchísimo lo que ha sucedido, se disculpó Sofía. Anahí os ha hecho pasar miedo inútilmente a los dos. Pasa demasiado tiempo hablando con Lupita, su bisabuela. Pobrecita, es tan viejecita, vive con el pasado... Anahí tiene tanta imaginación que ya no sabe qué hacer con ella. Entonces se pone a inventar historias...

El duende de las trenzas me hizo una mueca para partirse de risa. Luego me dio un paquetito muy bien envuelto con papel de color rojo.

– Es para ti, Saul, soltó Anahí a toda velocidad. Es una historia y la he escrito para ti, para que me perdones por haberte contado mentiras... Te la leerás cuando te vayas de Argentina, así te acordarás de mí.

Se inclinó hacia mí para darme un beso y aprovechó para decirme al oído:

– Y en esta historia todo es verdad...

Dijo con ojos brillantes:

– Confío en que te gustará y que me escribirás para darme tu opinión. Y confío también en que nos veremos pronto...

Me emocionó mucho su regalo. Le prometí que leería su historia en el avión y que le escribiría al llegar a París. Anahí me abrazó de nuevo con fuerza antes de hacerme cosquillas en el cuello.

En el taxi que nos llevaba al aeropuerto, sentí curiosidad y le quité el papel al regalo. El dibujo en la tapa representaba un pañuelo blanco del que salían dos trenzas rubias. El título era: *Saul, Anahí y las Abuelas*, y empecé a leerlo.

– Alors, cette histoire, de quoi elle parle ? pregunto mi padre.

– De dos amigos, Saul y Anahí, que luchan contra gigantes caníbales horrorosos con ayuda de abuelitas que tienen un pañuelo blanco mágico. Tu as compris ?

– Euh, vaciló mi padre... D'un joueur de foot qui veut gagner la coupe du monde pour l'offrir à sa grand-mère ?

L'auteur

Laurence Schaack a été journaliste avant d'écrire des documentaires et romans pour la jeunesse. Elle anime très régulièrement des ateliers d'écriture pour les enfants, les adolescents et les migrants. Fraichement diplômée d'un mastère de didactique du français langue étrangère, elle mène une recherche sur l'atelier d'écriture comme outil de réconciliation avec l'écrit et la littérature.

Des titres pour tous les âges

"MES PREMIERS PAS EN ANGLAIS"

Jeanne et le London Mystery

CLAUDINE AUBRUN / STÉPHANIE BENSON

The winner is... Miss Jeanne Louvier! Jeanne a gagné un concours d'écriture : elle ira passer trois jours à Londres, chez la célèbre romancière Dorothy Stone. Mais tandis que Dorothy est accaparée par son nouveau roman, Jeanne découvre plusieurs messages cachés sous une pierre de son jardin...

À partir de 8-9 ans (CE2-CM1)
A1 introductif

Florimond à la recherche du Oxford Treasure

YVES GREVET

Florimond est très angoissé à l'idée d'aller passer une semaine à Oxford sans ses parents. Heureusement, durant le trajet en Eurostar, il fait la connaissance de Youri, qui va à Oxford comme lui, et qui est très impatient ! Youri est en effet persuadé que la chapelle de la célèbre université dissimule un trésor...

À partir de 8-9 ans (CE2-CM1)
A1 introductif

À chacun « son Tip Tongue » !

"MES PREMIERS PAS EN ANGLAIS"

Blanche-Neige et la Magic Frog

STÉPHANIE BENSON

Pour le malheur de Blanche-Neige, son père s'était remarié avec Queenie, une femme venue d'une contrée lointaine appelée Angleterre. Queenie était très belle mais pas très sympathique. Un soir que Blanche-Neige lisait un livre sur les animaux – elle voulait devenir vétérinaire –, elle entendit une voix. C'était Queenie qui parlait, s'adressant à son miroir. Mais que disait-elle ?

À partir de 8-9 ans (CE2-CM1)
A1 introductif

Boucles d'Or et les Strange Bears

STÉPHANIE BENSON

Il était une fois une jeune fille qui avait les cheveux blonds comme de l'or et bouclés comme des ressorts, et qu'on appelait Boucles d'Or. Son frère avait les cheveux noirs comme l'ébène et raides comme la mort, mais on l'appelait Kévin ! Un jour, les enfants découvrirent une petite maison dans la forêt. Sur la porte était écrit : *The Bears' House*.

À partir de 8-9 ans (CE2-CM1)
A1 introductif

"JE DÉCOUVRE L'ANGLAIS"

Noah et l'énigme du Ghost Train

STÉPHANIE BENSON

Noah est très déçu que son correspondant irlandais soit une fille ! Mais cette dernière va le surprendre : passionnée de football gaélique, Fiona n'a peur de rien. Alors quand elle apprend que le *Book of Kells*, véritable symbole national, a été volé, elle entraîne Noah à sa recherche.

À partir de 10–11 ans (CM2–6e)
A1 découverte

Qui a vu le Phantom of the Opera ?

CARINA ROZENFELD

Gabriel est en vacances en Australie chez sa cousine Emily, dont le père travaille à l'opéra de Sydney. C'est l'occasion pour le jeune Français d'entrer dans les coulisses du bâtiment mythique en forme de voilier. Mais cette visite de nuit va se révéler pleine de surprises…

À partir de 10–11 ans (CM2–6e)
A1 découverte

"JE DÉCOUVRE L'ANGLAIS"

Tom et le secret du Haunted Castle

STÉPHANIE BENSON

Pour les vacances de Noël, le père de Tom a décidé d'emmener son fils en Écosse, dans un véritable château hanté. Mais le premier soir, seul dans sa chambre, Tom entend des bruits bizarres… et tombe bientôt nez à nez avec une jeune Écossaise à la recherche de son frère disparu…

À partir de 10-11 ans (CM2-6e)
A1 découverte

Hannah et le trésor du Dangerous Elf

STÉPHANIE BENSON

Sur le ferry qui l'emmène avec son jeune frère Hugo en Irlande, Hannah dérobe une peluche en forme de leprechaun, le célèbre petit elfe irlandais. Elle va très vite comprendre que le lutin à l'apparence inoffensive possède des pouvoirs magiques… et qu'il a un caractère épouvantable !

À partir de 10-11 ans (CM2-6e)
A1 découverte

"J'AI COMMENCÉ L'ANGLAIS"

Lilith et la vengeance du Dark Magician

STÉPHANIE BENSON

Le père de Lilith est magicien et se produit dans le monde entier. Cette fois, Lilith et sa mère le rejoignent à Londres en prenant l'Eurostar. Mais, à leur arrivée, elles apprennent qu'il a disparu juste après avoir été vu en compagnie d'un homme étrange, tatoué d'une chauve-souris dans le cou...

À partir de 12-13 ans (5e–4e)
A2 Intermédiaire

Hélène et les Disappearing Gamers

NICOLAS LABARRE

Hélène vit une semaine sur deux avec sa mère et sa belle-famille américaine. Ce n'est pas toujours facile pour elle car elle n'est pas encore très à l'aise en anglais. Mais alors qu'elle retourne chez son père, elle le découvre évanoui devant l'écran de son jeu vidéo favori, *Thrones of the Kingdom*... Or, dans ce jeu, tout est en anglais !

À partir de 12-13 ans (5e–4e)
A2 Intermédiaire

"J'AI COMMENCÉ L'ANGLAIS"

Alex et le rêve de la New York Star

STÉPHANIE BENSON / JAKE LAMAR

Alex est en vacances chez sa tante à New York. Ses cousins sont passionnés de rap et n'ont qu'un nom à la bouche : celui de Diandra, une jeune star très populaire aux États-Unis, qui a disparu deux jours plus tôt. Qu'est devenue Diandra ? C'est Alex qui va le découvrir par hasard, en visitant la ville...

À partir de 12-13 ans (5e-4e)
A2 Intermédiaire

Peter et le mystère du Headless Man

STÉPHANIE BENSON

Pierre part en vacances dans le sud de l'Angleterre, chez ses cousins qu'il n'a jamais rencontrés. Dans l'imposante demeure familiale qui ressemble à un château médiéval, des objets disparaissent depuis quelque temps. Pierre, qui n'est pas très à l'aise en anglais, va pourtant dénouer ce mystère...

À partir de 12-13 ans (5e-4e)
A2 Intermédiaire

Tip Tongue existe aussi

"JE DÉCOUVRE L'ALLEMAND"

Martin et la mysteriöse Kreatur

ROLAND FUENTÈS

Martin passe une semaine dans la petite station de ski de Mittenwald, avec sa famille. Lors d'une montée en télésiège, il sent quelque chose lui piquer le cou. De retour au gîte, Martin découvre dans son écharpe un être minuscule, de la taille d'une puce. Il s'agit du célèbre *Meister Floh*, le personnage d'un conte d'Hoffmann qui ne manque pas de caractère et qui parle... allemand!

À partir de 10-11 ans (CM2-6e)
A1 découverte

"J'AI COMMENCÉ L'ALLEMAND"

Emma et la japanische Mangaka

ISABELLE COLLOMBAT

Dans moins de six heures, Emma verra en chair et en os la star du manga Miki Kawase! Pour son anniversaire, son père lui a offert le cadeau dont elle rêvait: deux billets de train pour Leipzig, la seule ville européenne où son idole, en tournée mondiale, a choisi de faire escale. Mais le voyage va s'avérer plus mouvementé que prévu...

À partir de 12-13 ans (5e-4e)
A2 intermédiaire

en allemand et en espagnol !

"J'AI COMMENCÉ L'ESPAGNOL"

Benoît et la bande de los Moteros

MAÏTÉ BERNARD

Benoît va passer un mois à Ibiza, « le paradis de la fête ! » d'après ses amis. Une fois là-bas, il apprécie plutôt la beauté du paysage et le charme de Blanca, une petite brune à la voix rauque. Mais Blanca a déjà un copain, Paco, qui fait partie d'une bande de motards surveillée semble-t-il par la police. Autant de raisons pour Benoît de se mettre sérieusement à l'espagnol.

À partir de 12-13 ans (5e–4e)
A2 intermédiaire

Je suis un verdadero Argentino !

LAURENCE SCHAACK

Saul et son père, deux passionnés de football, vont passer une semaine en Argentine, tous les deux ! Mais dans l'avion, le père de Saul ne cesse de relire une mystérieuse lettre écrite en espagnol, et semble bouleversé. Saul va bientôt comprendre que l'Argentine n'est pas pour son père une destination comme les autres...

À partir de 12-13 ans (5e–4e)
A2 intermédiaire

Loi n° 49-956 du 16 juillet 1949
sur les publications destinées à la jeunesse,
modifiée par la loi n° 2011-525 du 17 mai 2011.

Mise en pages : DV Arts Graphiques à La Rochelle
N° éditeur : 10217759 – Dépôt légal : mars 2016
Achevé d'imprimer en mars 2016
par Jouve (53100, Mayenne, France).
N° d'impression : 2316733F

IMPRIM'VERT

MIXTE
Papier issu de
sources responsables
FSC® C022030
FSC
www.fsc.org